20 POEMAS
DE AMOR Y UNA CANCION
DESESPERADA

PABLO NERUDA

POEMAS DE AMOR

Y UNA CANCION DESESPERADA

Ilustraciones de

MARIO TORAL

EDITORIAL GRIJALBO

SANTIAGO DE CHILE

LOS
VEINTE POEMAS

1 Cuerpo de mujer...

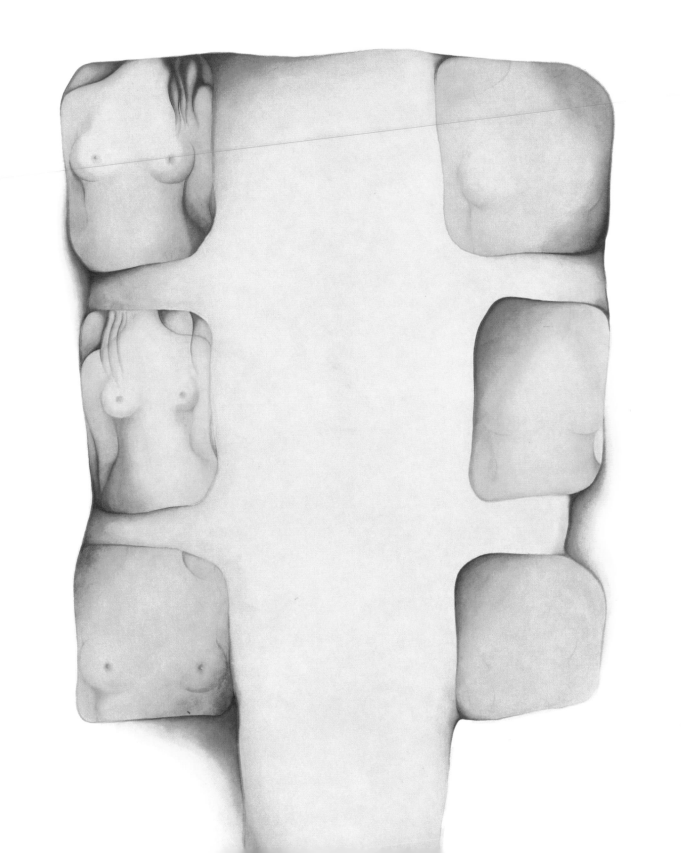

Cuerpo de mujer, blancas colinas, muslos blancos,

te pareces al mundo en tu actitud de entrega.

Mi cuerpo de labriego salvaje te socava

y hace saltar el hijo del fondo de la tierra.

Fui solo como un túnel. De mí huían los pájaros

y en mí la noche entraba su invasión poderosa.

Para sobrevivirme te forjé como un arma,

como una flecha en mi arco, como una piedra en mi honda.

Pero cae la hora de la venganza, y te amo.

Cuerpo de piel, de musgo, de leche ávida y firme.

Ah los vasos del pecho! Ah los ojos de ausencia!

Ah las rosas del pubis! Ah tu voz lenta y triste!

Cuerpo de mujer mía, persistiré en tu gracia.

Mi sed, mi ansia sin límite, mi camino indeciso!

Oscuros cauces donde la sed eterna sigue,

y la fatiga sigue, y el dolor infinito.

2   En su llama mortal...

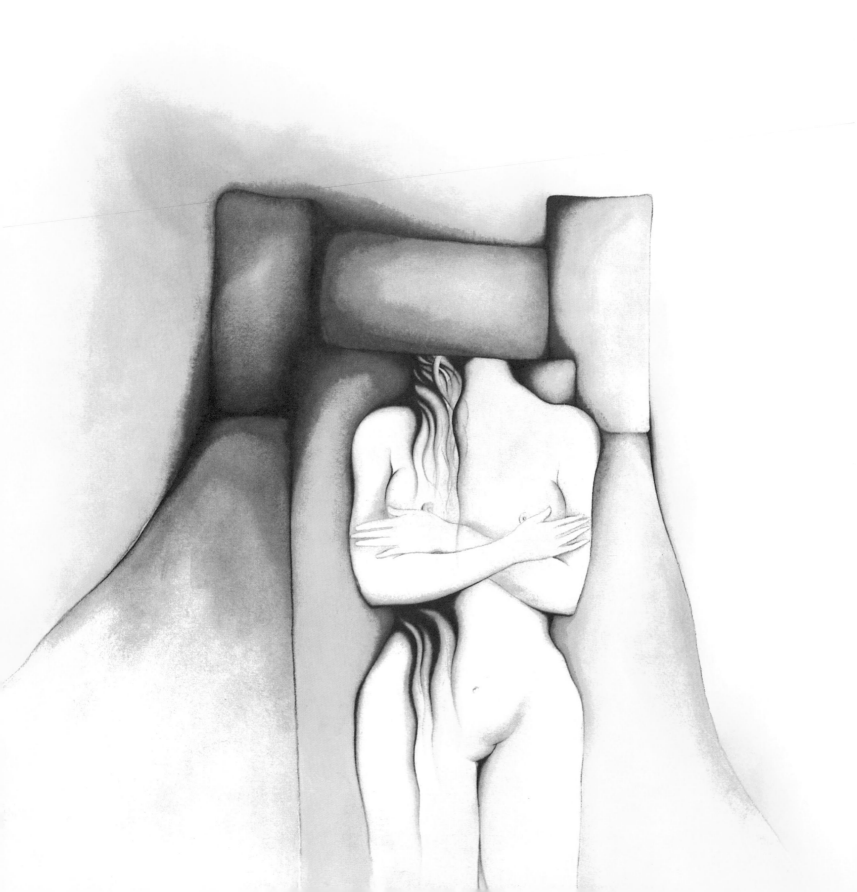

En su llama mortal la luz te envuelve.
Absorta, pálida doliente, así situada
contra las viejas hélices del crepúsculo
que en torno a ti da vueltas.

Muda, mi amiga,
sola en lo solitario de esta hora de muertes
y llena de las vidas del fuego,
pura heredera del día destruido.

Del sol cae un racimo en tu vestido oscuro.
De la noche las grandes raíces
crecen de súbito desde tu alma
y a lo exterior regresan las cosas en ti ocultas,
de modo que un pueblo pálido y azul
de ti recién nacido se alimenta.

Oh grandiosa y fecunda y magnética esclava

del círculo que en negro y dorado sucede:

erguida, trata y logra una creación tan viva

que sucumben sus flores, y llena es de tristeza.

3 Ah vastedad de pinos...

Ah vastedad de pinos, rumor de olas quebrándose,

lento juego de luces, campana solitaria,

crepúsculo cayendo en tus ojos, muñeca,

caracola terrestre, en ti la tierra canta!

En ti los ríos cantan y mi alma en ellos huye

como tú lo desees y hacia donde tú quieras.

Márcame mi camino en tu arco de esperanza

y soltaré en delirio mi bandada de flechas.

En torno a mí estoy viendo tu cintura de niebla

y tu silencio acosa mis horas perseguidas,

y eres tú con tus brazos de piedra transparente

donde mis besos anclan y mi húmeda ansia anida.

Ah tu voz misteriosa que el amor tiñe y dobla

en el atardecer resonante y muriendo!

Así en horas profundas sobre los campos he visto

doblarse las espigas en la boca del viento.

4 Es la mañana llena...

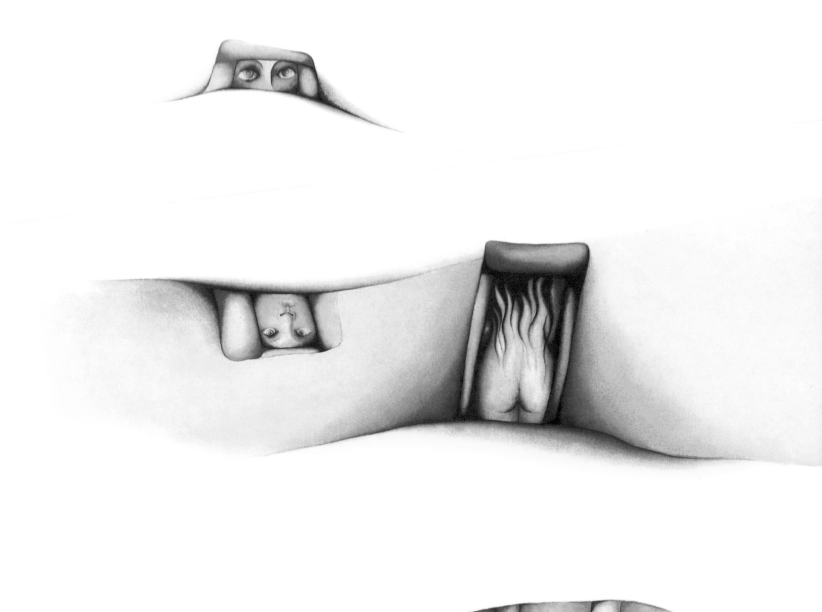

Es la mañana llena de tempestad

en el corazón del verano.

Como pañuelos blancos de adiós viajan las nubes,

el viento las sacude con sus viajeras manos.

Innumerable corazón del viento

latiendo sobre nuestro silencio enamorado.

Zumbando entre los árboles, orquestal y divino,

como una lengua llena de guerras y de cantos.

Viento que lleva en rápido robo la hojarasca

y desvía las flechas latientes de los pájaros.

Viento que la derriba en ola sin espuma

y sustancia sin peso, y fuegos inclinados.

Se rompe y se sumerge su volumen de besos

combatido en la puerta del viento del verano.

5 Para que tú me oigas...

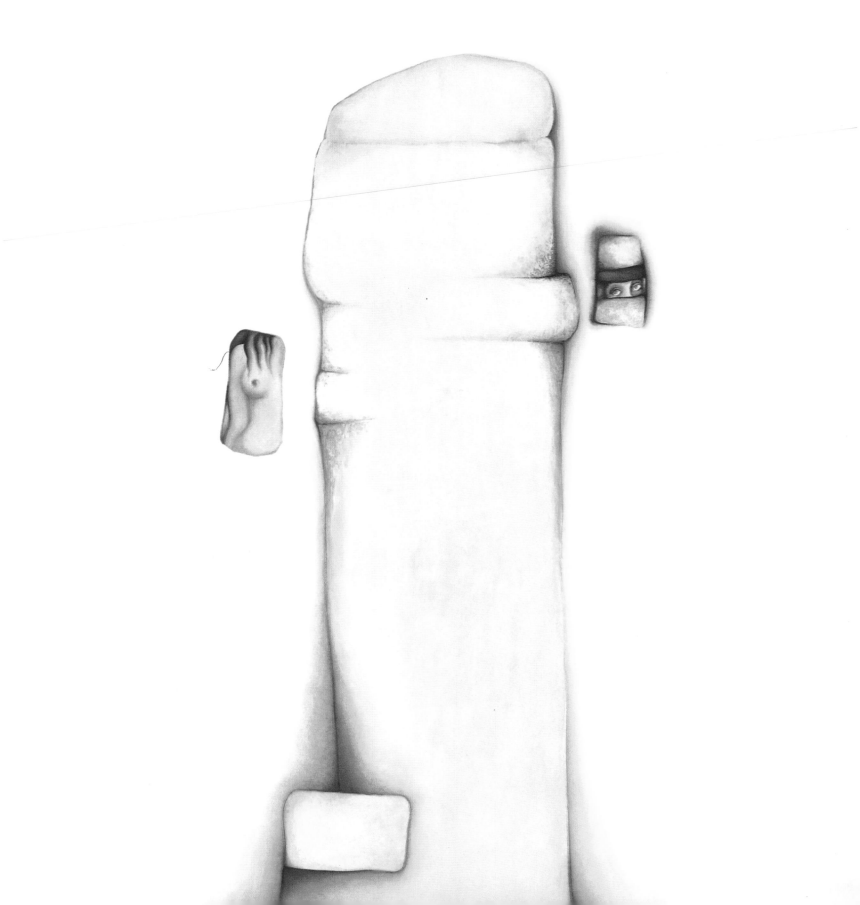

Para que tú me oigas

mis palabras

se adelgazan a veces

como las huellas de las gaviotas en las playas.

Collar, cascabel ebrio

para tus manos suaves como las uvas.

Y las miro lejanas mis palabras.

Más que mías son tuyas.

Van trepando en mi viejo dolor como las yedras.

Ellas trepan así por las paredes húmedas.

Eres tú la culpable de este juego sangriento.

Ellas están huyendo de mi guarida oscura.

Todo lo llenas tú, todo lo llenas.

Antes que tú poblaron la soledad que ocupas
y están acostumbradas más que tú a mi tristeza.

Ahora quiero que digan lo que quiero decirte
para que tú me oigas como quiero que me oigas.

El viento de la angustia aún las suele arrastrar.
Huracanes de sueños aún a veces las tumban.
Escuchas otras voces en mi voz dolorida.
Llanto de viejas bocas, sangre de viejas súplicas.
Amame, compañera. No me abandones. Sígueme.
Sígueme, compañera, en esa ola de angustia.

Pero se van tiñendo con tu amor mis palabras.
Todo lo ocupas tú, todo lo ocupas.

Voy haciendo de todas un collar infinito
para tus blancas manos, suaves como las uvas.

6 Te recuerdo como eras...

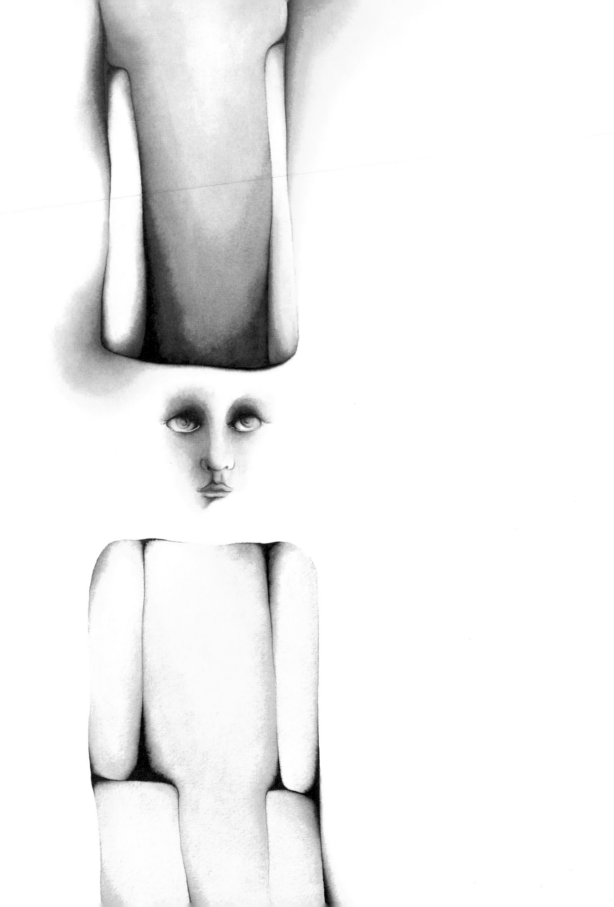

Te recuerdo como eras en el último otoño.

Eras la boina gris y el corazón en calma.

En tus ojos peleaban las llamas del crepúsculo.

Y las hojas caían en el agua de tu alma.

Apegada a mis brazos como una enredadera,

las hojas recogían tu voz lenta y en calma.

Hoguera de estupor en que mi sed ardía.

Dulce jacinto azul torcido sobre mi alma.

Siento viajar tus ojos y es distante el otoño:

boina gris, voz de pájaro y corazón de casa

hacia donde emigraban mis profundos anhelos

y caían mis besos alegres como brasas.

Cielo desde un navío. Campo desde los cerros:

Tu recuerdo es de luz, de humo, de estanque en calma!

Más allá de tus ojos ardían los crepúsculos.

Hojas secas de otoño giraban en tu alma.

7 Inclinado en las tardes...

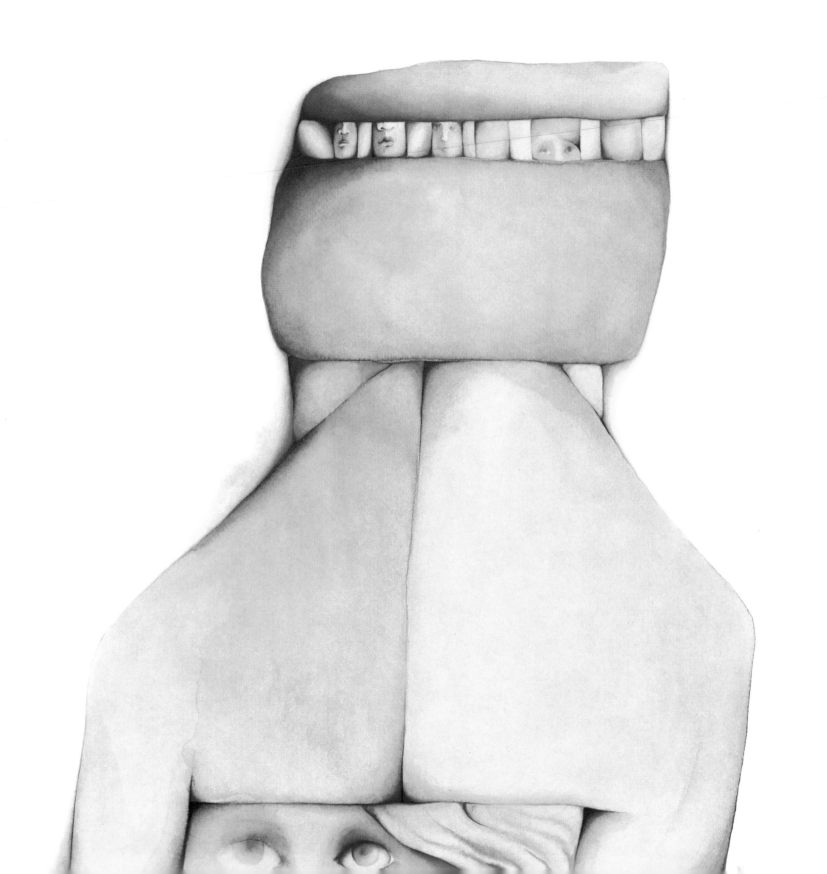

Inclinado en las tardes tiro mis tristes redes

a tus ojos oceánicos.

Allí se estira y arde en la más alta hoguera

mi soledad que da vueltas los brazos como un náufrago.

Hago rojas señales sobre tus ojos ausentes

que olean como el mar a la orilla de un faro.

Sólo guardas tinieblas, hembra distante y mía,

de tu mirada emerge a veces la costa del espanto.

Inclinado en las tardes echo mis tristes redes

a ese mar que sacude tus ojos oceánicos.

Los pájaros nocturnos picotean las primeras estrellas

que centellean como mi alma cuando te amo.

Galopa la noche en su yegua sombría

desparramando espigas azules sobre el campo.

8   Abeja blanca zumbas...

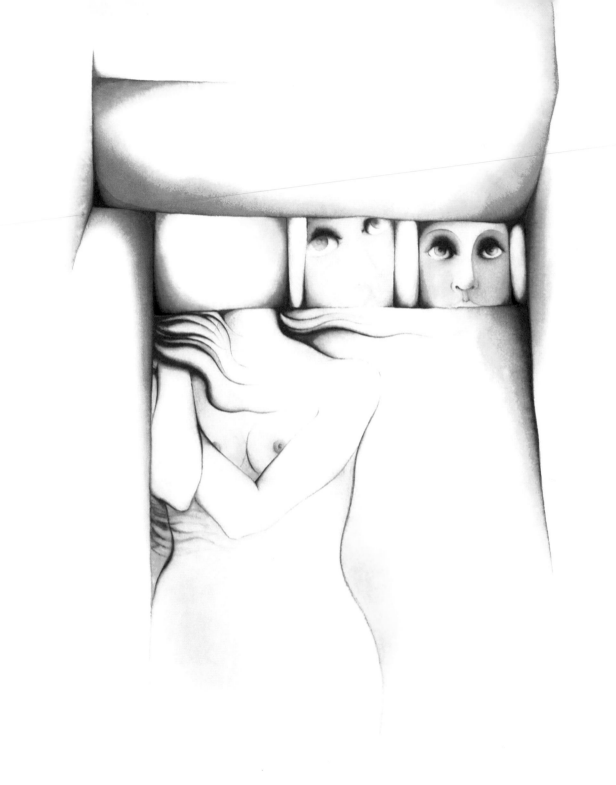

Abeja blanca zumbas, ebria de miel, en mi alma

y te tuerces en lentas espirales de humo.

Soy el desesperado, la palabra sin ecos,

el que lo perdió todo, y el que todo lo tuvo.

Ultima amarra, cruje en ti mi ansiedad última.

En mi tierra desierta eres la última rosa.

Ah silenciosa!

Cierra tus ojos profundos! Allí aletea la noche.

Ah, desnuda tu cuerpo de estatua temerosa!

Tienes ojos profundos donde la noche alea,

frescos brazos de flor y regazo de rosa.

Se parecen tus senos a los caracoles blancos.

Ha venido a dormirse en tu vientre una mariposa de sombra.

Ah silenciosa!

He aquí la soledad de donde estás ausente.

Llueve. El viento del mar caza errantes gaviotas.

El agua anda descalza por las calles mojadas.

De aquel árbol se quejan, como enfermos, las hojas.

Abeja blanca, ausente, aún zumbas en mi alma.

Revives en el tiempo, delgada y silenciosa.

Ah silenciosa!

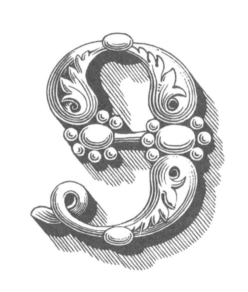

9 Ebrio de trementina...

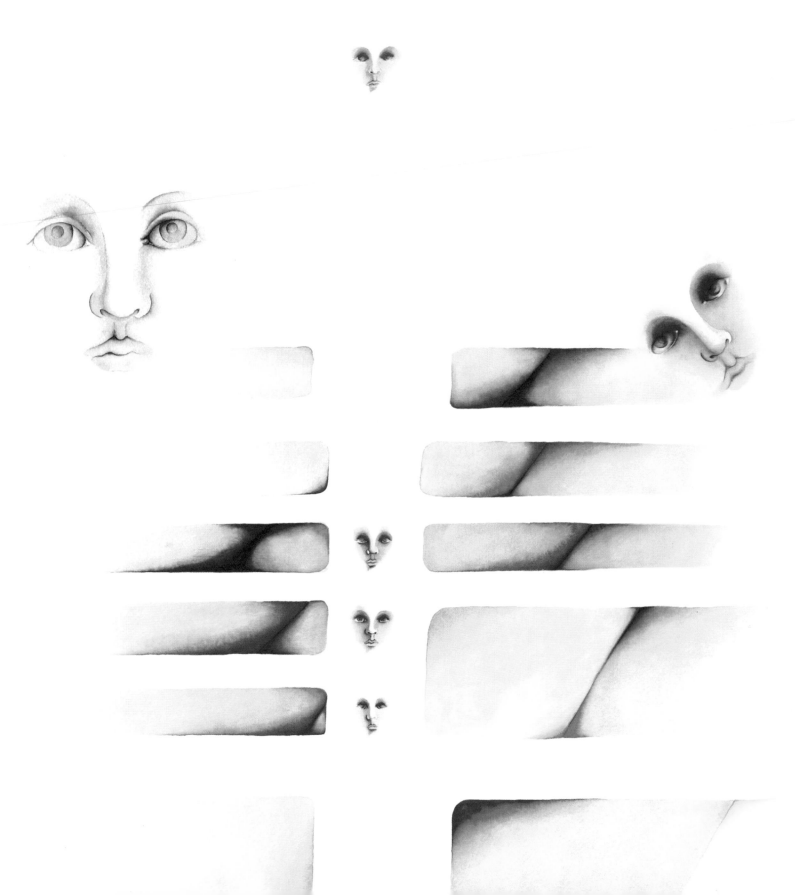

Ebrio de trementina y largos besos,

estival, el velero de las rosas dirijo,

torcido hacia la muerte del delgado día,

cimentado en el sólido frenesí marino.

Pálido y amarrado a mi agua devorante,

cruzo en el agrio olor del clima descubierto

aún vestido de gris y sonidos amargos

y una cimera triste de abandonada espuma.

Voy, duro de pasiones, montado en mi ola única,

lunar, solar, ardiente y frío, repentino,

dormido en la garganta de las afortunadas

islas blancas y dulces como caderas frescas.

Tiembla en la noche húmeda mi vestido de besos

locamente cargado de eléctricas gestiones,

de modo heroico dividido en sueños

y embriagadoras rosas practicándose en mí.

Aguas arriba, en medio de las olas externas,

tu paralelo cuerpo se sujeta en mis brazos

como un pez infinitamente pegado a mi alma,

rápido y lento en la energía subceleste.

10 Hemos perdido aun...

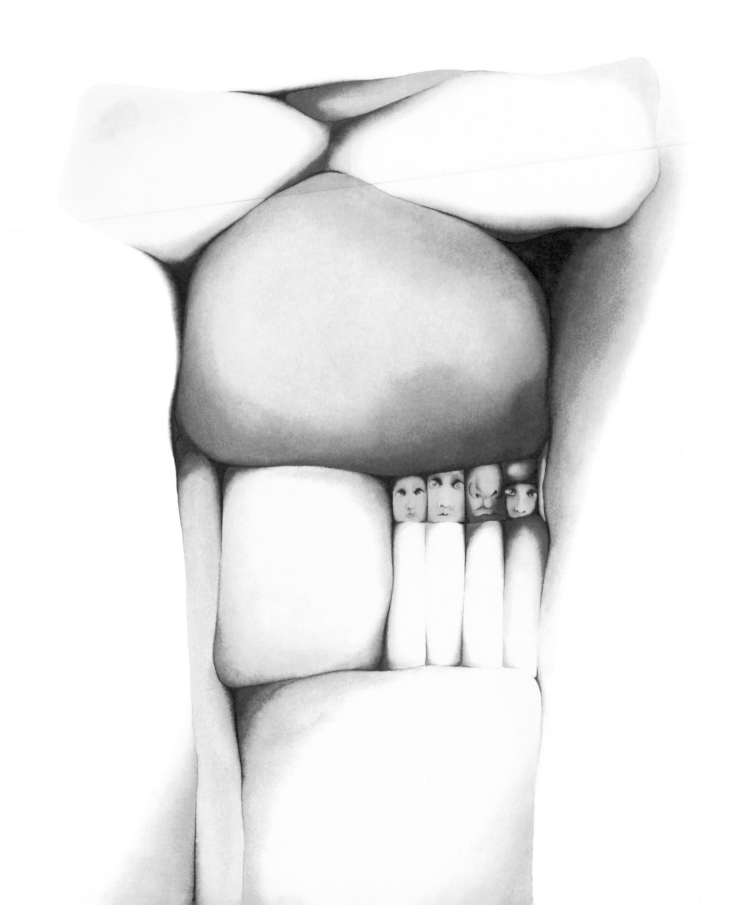

emos perdido aun este crepúsculo.

Nadie nos vio esta tarde con las manos unidas

mientras la noche azul caía sobre el mundo.

He visto desde mi ventana

la fiesta del poniente en los cerros lejanos.

A veces como una moneda

se encendía un pedazo de sol entre mis manos.

Yo te recordaba con el alma apretada

de esa tristeza que tú me conoces.

Entonces, dónde estabas?

Entre qué gentes?

Diciendo qué palabras?

Por qué se me vendrá todo el amor de golpe

cuando me siento triste y te siento lejana?

Cayó el libro que siempre se toma en el crepúsculo

y como un perro herido rodó a mis pies mi capa.

Siempre, siempre te alejas en las tardes

hacia donde el crepúsculo corre borrando estatuas.

11 Casi fuera del cielo...

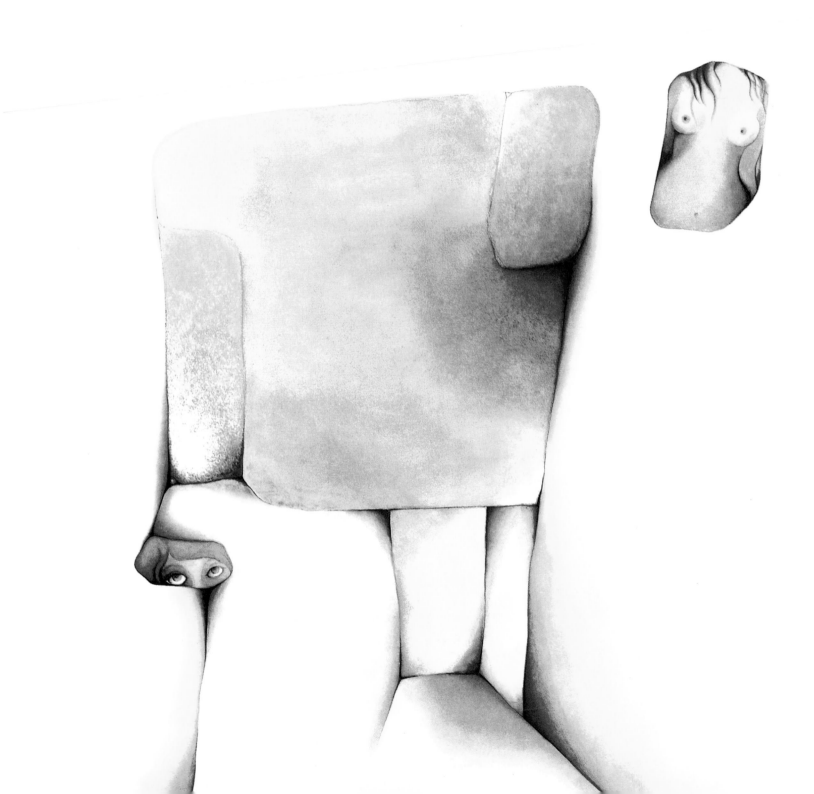

asi fuera del cielo ancla entre dos montañas

la mitad de la luna.

Girante, errante noche, la cavadora de ojos.

A ver cuántas estrellas trizadas en la charca.

Hace una cruz de luto entre mis cejas, huye.

Fragua de metales azules, noches de las calladas luchas,

mi corazón da vueltas como un volante loco.

Niña venida de tan lejos, traída de tan lejos,

a veces fulgurece su mirada debajo del cielo.

Quejumbre, tempestad, remolino de furia,

cruza encima de mi corazón, sin detenerte*!*

Viento de los sepulcros acarrea, destroza, dispersa tu raíz soñolienta*!*

Desarraiga los grandes árboles al otro lado de ella!

Pero tú, clara niña, pregunta de humo, espiga.

Era la que iba formando el viento con hojas iluminadas.

Detrás de las montañas nocturnas, blanco lirio de incendio,

ah nada puedo decir! Era hecha de todas las cosas.

Ansiedad que partiste mi pecho a cuchillazos,

es hora de seguir otro camino, donde ella no sonría.

Tempestad que enterró las campanas, turbio revuelo de tormentas,

para qué tocarla ahora, para qué entristecerla.

Ay, seguir el camino que se aleja de todo,

donde no esté atajando la angustia, la muerte, el invierno,

con sus ojos abiertos entre el rocío.

12 Para mi corazón...

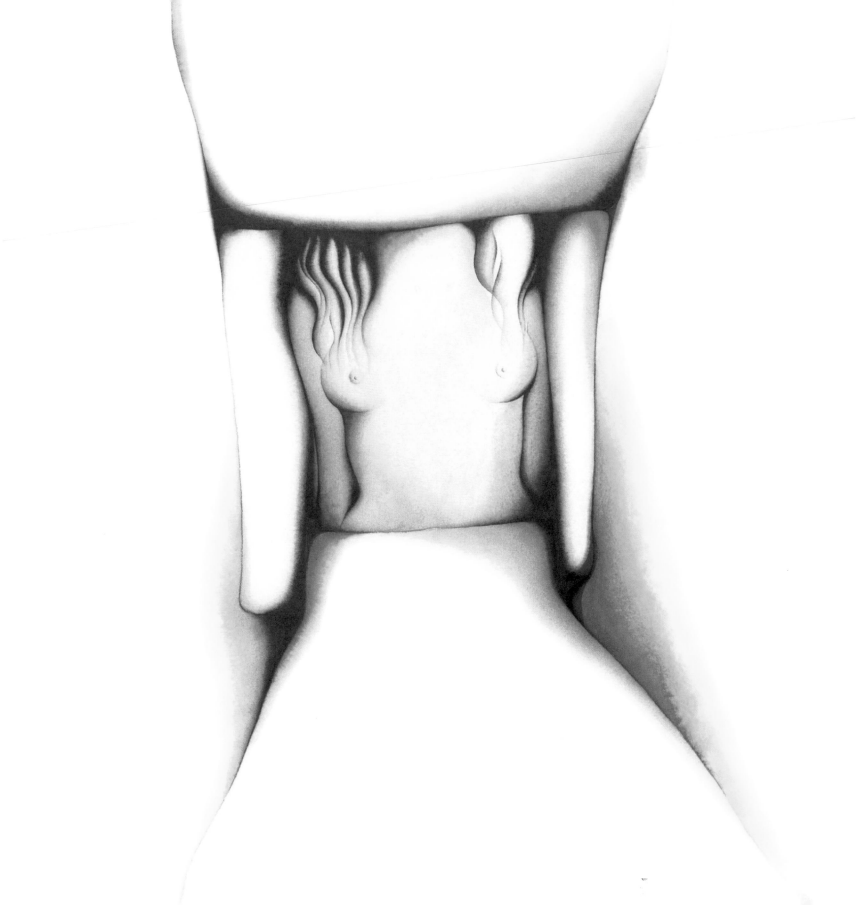

Para mi corazón basta tu pecho,

para tu libertad bastan mis alas.

Desde mi boca llegará hasta el cielo

lo que estaba dormido sobre tu alma.

Es en ti la ilusión de cada día.

Llegas como el rocío a las corolas.

Socavas el horizonte con tu ausencia.

Eternamente en fuga como la ola.

He dicho que cantabas en el viento

como los pinos y como los mástiles.

Como ellos eres alta y taciturna.

Y entristeces de pronto, como un viaje.

Acogedora como un viejo camino.

Te pueblan ecos y voces nostálgicas.

Yo desperté, y a veces emigran y huyen

pájaros que dormían en tu alma.

13 He ido marcando...

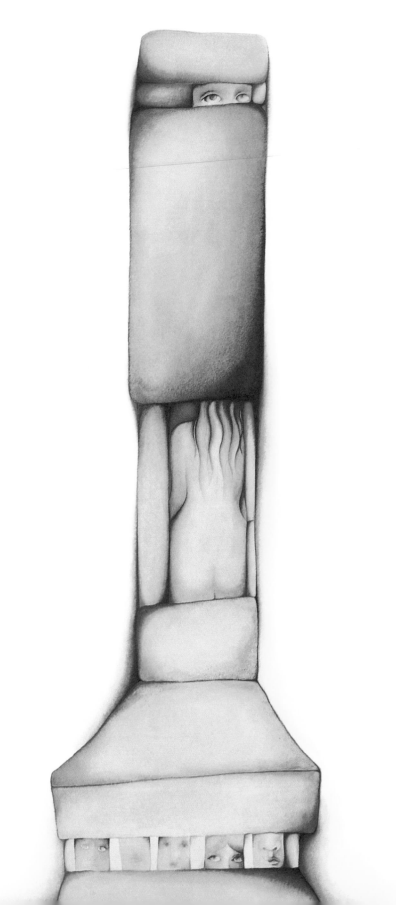

He ido marcando con cruces de fuego

el atlas blanco de tu cuerpo.

Mi boca era una araña que cruzaba escondiéndose.

En ti, detrás de ti, temerosa, sedienta.

Historias que contarte a la orilla del crepúsculo,

muñeca triste y dulce, para que no estuvieras triste.

Un cisne, un árbol, algo lejano y alegre.

El tiempo de las uvas, el tiempo maduro y frutal.

Yo que viví en un puerto desde donde te amaba.

La soledad cruzada de sueño y de silencio.

Acorralado entre el mar y la tristeza.

Callado, delirante, entre dos gondoleros inmóviles.

Entre los labios y la voz, algo se va muriendo.

Algo con alas de pájaro, algo de angustia y de olvido.

Así como las redes no retienen el agua.

Muñeca mía, apenas quedan gotas temblando.

Sin embargo algo canta entre estas palabras fugaces.

Algo canta, algo sube hasta mi ávida boca.

Oh poder celebrarte con todas las palabras de alegría.

Cantar, arder, huir, como un campanario en las manos de un loco.

Triste ternura mía, qué te haces de repente?

Cuando he llegado al vértice más atrevido y frío

mi corazón se cierra como una flor nocturna.

14 Juegas todos los días...

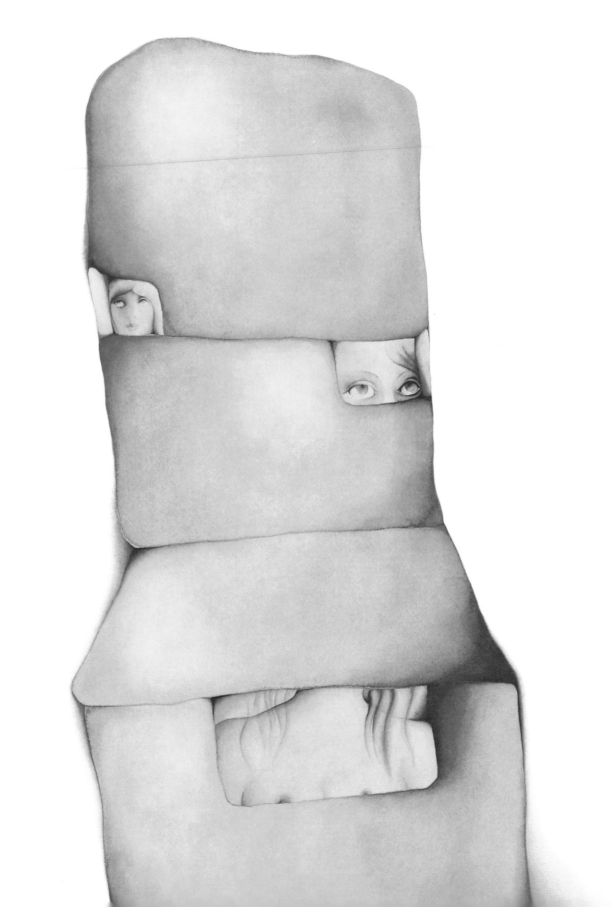

Juegas todos los días con la luz del universo.

Sutil visitadora, llegas en la flor y en el agua.

Eres más que esta blanca cabecita que aprieto

como un racimo entre mis manos cada día.

A nadie te pareces desde que yo te amo.

Déjame tenderte entre guirnaldas amarillas.

Quién escribe tu nombre con letras de humo entre las estrellas del sur?

Ah déjame recordarte cómo eras entonces, cuando aún no existías.

De pronto el viento aúlla y golpea mi ventana cerrada.

El cielo es una red cuajada de peces sombríos.

Aquí vienen a dar todos los vientos, todos.

Se desviste la lluvia.

Pasan huyendo los pájaros.

El viento. El viento.

Yo sólo puedo luchar contra la fuerza de los hombres.

El temporal arremolina hojas oscuras

y suelta todas las barcas que anoche amarraron al cielo.

Tú estás aquí. Ah tú no huyes.

Tú me responderás hasta el último grito.

Ovíllate a mi lado como si tuvieras miedo.

Sin embargo alguna vez corrió una sombra extraña por tus ojos.

Ahora, ahora también, pequeña, me traes madreselvas

y tienes hasta los senos perfumados.

Mientras el viento triste galopa matando mariposas

yo te amo, y mi alegría muerde tu boca de ciruela.

Cuánto te habrá dolido acostumbrarte a mí,

a mi alma sola y salvaje, a mi nombre que todos ahuyentan.

Hemos visto arder tantas veces el lucero besándonos los ojos,

y sobre nuestras cabezas destorcerse los crepúsculos en abanicos girantes.

Mis palabras llovieron sobre ti acariciándote.

Amé desde hace tiempo tu cuerpo de nácar soleado.

Hasta te creo dueña del universo.

Te traeré de las montañas flores alegres, copihues,

avellanas oscuras, y cestas silvestres de besos.

Quiero hacer contigo

lo que la primavera hace con los cerezos.

15   Me gustas cuando callas...

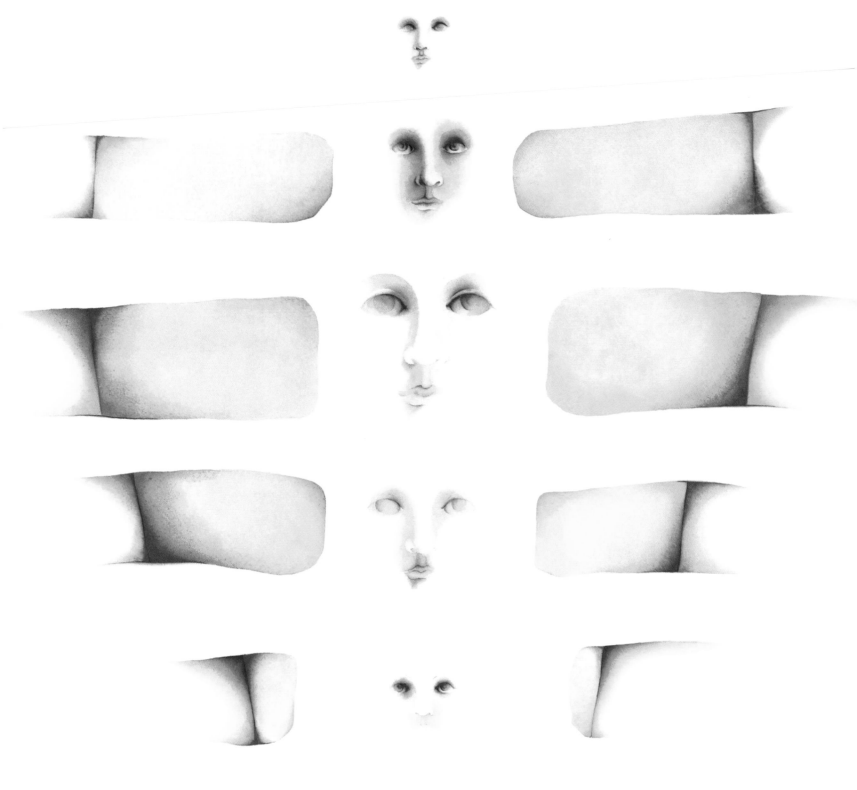

Me gustas cuando callas porque estás como ausente,

y me oyes desde lejos, y mi voz no te toca.

Parece que los ojos se te hubieran volado

y parece que un beso te cerrara la boca.

Como todas las cosas están llenas de mi alma

emerges de las cosas, llena del alma mía.

Mariposa de sueño, te pareces a mi alma,

y te pareces a la palabra melancolía.

Me gustas cuando callas y estás como distante.

Y estás como quejándote, mariposa en arrullo.

Y me oyes desde lejos, y mi voz no te alcanza:

Déjame que me calle con el silencio tuyo.

Déjame que te hable también con tu silencio

claro como una lámpara, simple como un anillo.

Eres como la noche, callada y constelada.

Tu silencio es de estrella, tan lejano y sencillo.

Me gustas cuando callas porque estás como ausente.

Distante y dolorosa como si hubieras muerto.

Una palabra entonces, una sonrisa bastan.

Y estoy alegre, alegre de que no sea cierto.

16 En mi cielo al crepúsculo...

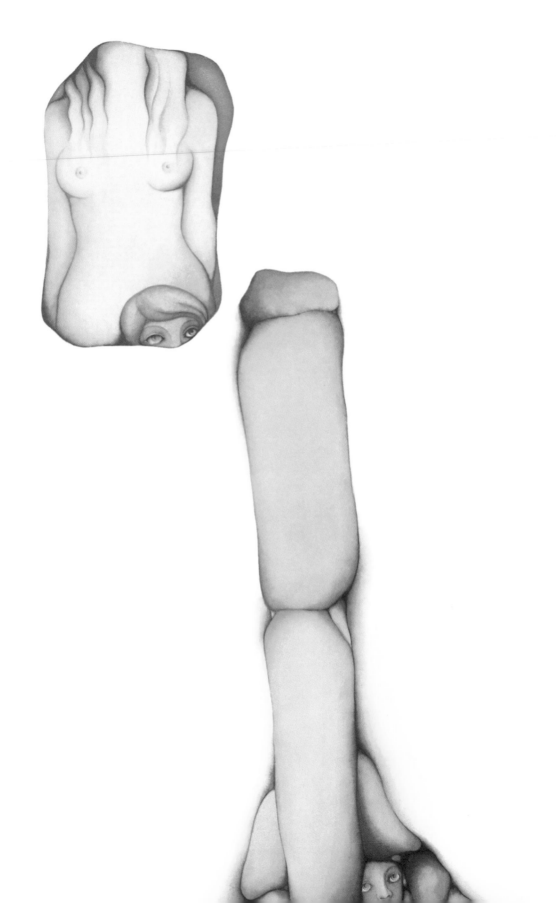

En mi cielo al crepúsculo eres como una nube

y tu color y forma son como yo los quiero.

Eres mía, eres mía, mujer de labios dulces

y viven en tu vida mis infinitos sueños.

La lámpara de mi alma te sonrosa los pies,

el agrio vino mío es más dulce en tus labios:

oh segadora de mi canción de atardecer,

cómo te sienten mía mis sueños solitarios!

Eres mía, eres mía, voy gritando en la brisa

de la tarde, y el viento arrastra mi voz viuda.

Cazadora del fondo de mis ojos, tu robo

estanca como el agua tu mirada nocturna.

En la red de mi música estás presa, amor mío,

y mis redes de música son anchas como el cielo.

Mi alma nace a la orilla de tus ojos de luto.

En tus ojos de luto comienza el país del sueño.

17 Pensando, enredando sombras...

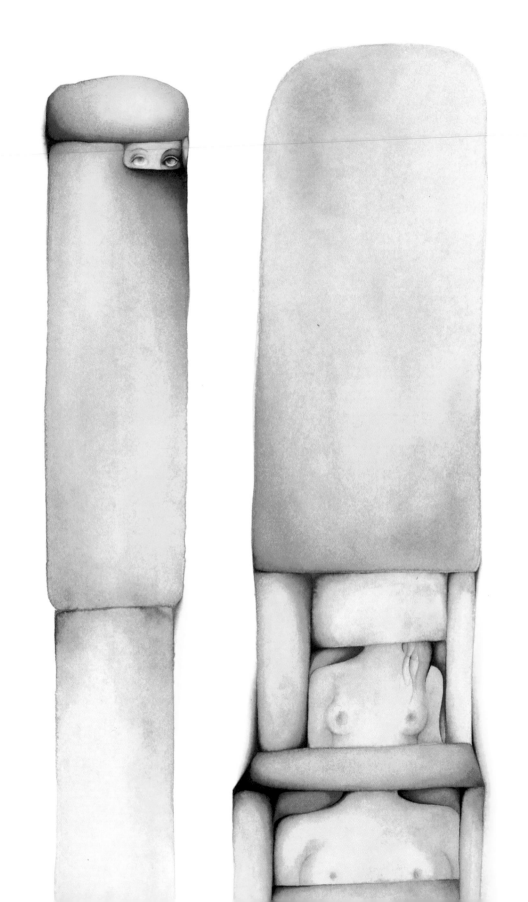

Pensando, enredando sombras en la profunda soledad.

Tú también estás lejos, ah más lejos que nadie.

Pensando, soltando pájaros, desvaneciendo imágenes,

enterrando lámparas.

Campanario de brumas, qué lejos, allá arriba!

Ahogando lamentos, moliendo esperanzas sombrías,

molinero taciturno,

se te viene de bruces la noche, lejos de la ciudad.

Tu presencia es ajena, extraña a mí como una cosa.

Pienso, camino largamente, mi vida antes de ti.

Mi vida antes de nadie, mi áspera vida.

El grito frente al mar, entre las piedras,

corriendo libre, loco, en el vaho del mar.

La furia triste, el grito, la soledad del mar.

Desbocado, violento, estirado hacia el cielo.

Tú, mujer, qué eras allí, qué raya, qué varilla

de ese abanico inmenso? Estabas lejos como ahora.

Incendio en el bosque! Arde en cruces azules.

Arde, arde, llamea, chispea en árboles de luz.

Se derrumba, crepita. Incendio. Incendio.

Y mi alma baila herida de virutas de fuego.

Quién llama? Qué silencio poblado de ecos?

Hora de la nostalgia, hora de la alegría, hora de la soledad,

hora mía entre todas!

Bocina en que el viento pasa cantando.

Tanta pasión de llanto anudada a mi cuerpo.

Sacudida de todas las raíces,

asalto de todas las olas!

Rodaba, alegre, triste, interminable, mi alma.

Pensando, enterrando lámparas en la profunda soledad.

Quién eres tú, quién eres?

18 Aquí te amo...

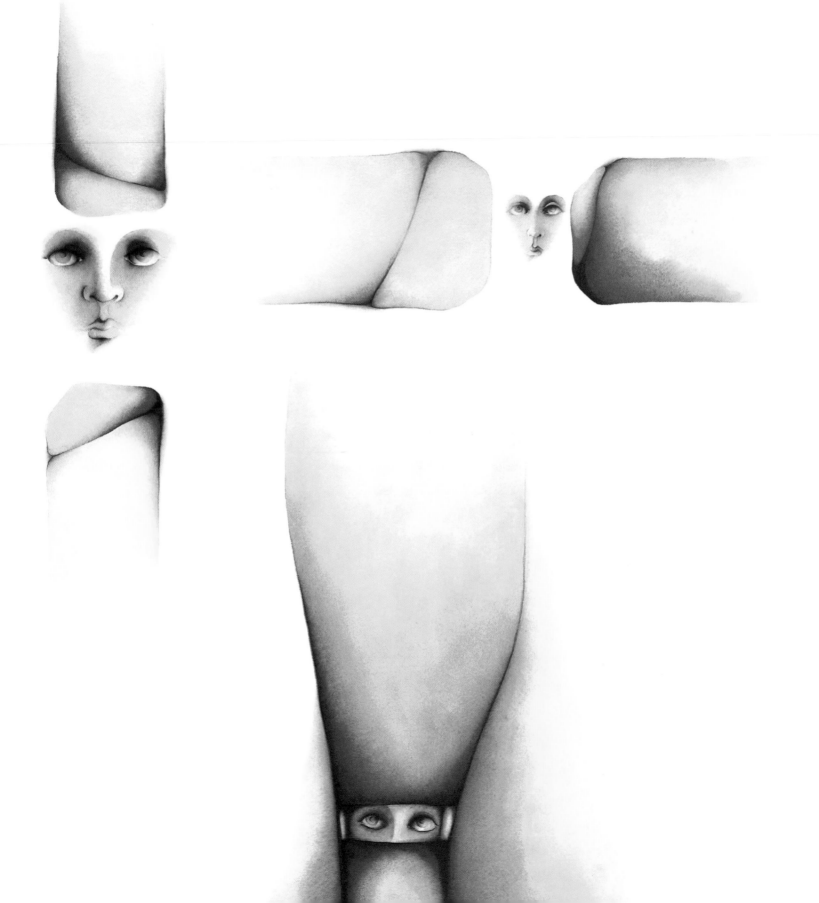

quí te amo.

En los oscuros pinos se desenreda el viento.

Fosforece la luna sobre las aguas errantes.

Andan días iguales persiguiéndose.

Se desciñe la niebla en danzantes figuras.

Una gaviota de plata se descuelga del ocaso.

A veces una vela. Altas, altas, estrellas.

O la cruz negra de un barco.

Solo.

A veces amanezco, y hasta mi alma está húmeda.

Suena, resuena el mar lejano.

Este es un puerto.

Aquí te amo.

Aquí te amo y en vano te oculta el horizonte.

Te estoy amando aún entre estas frías cosas.

A veces van mis besos en esos barcos graves

que corren por el mar hacia donde no llegan.

Ya me veo olvidado como estas viejas anclas.

Son más tristes los muelles cuando atraca la tarde.

Se fatiga mi vida inútilmente hambrienta.

Amo lo que no tengo. Estás tú tan distante.

Mi hastío forcejea con los lentos crepúsculos.

Pero la noche llega y comienza a cantarme.

La luna hace girar su rodaja de sueño.

Me miran con tus ojos las estrellas más grandes.

Y como yo te amo, los pinos en el viento,

quieren cantar tu nombre con sus hojas de alambre.

19 Niña morena y ágil...

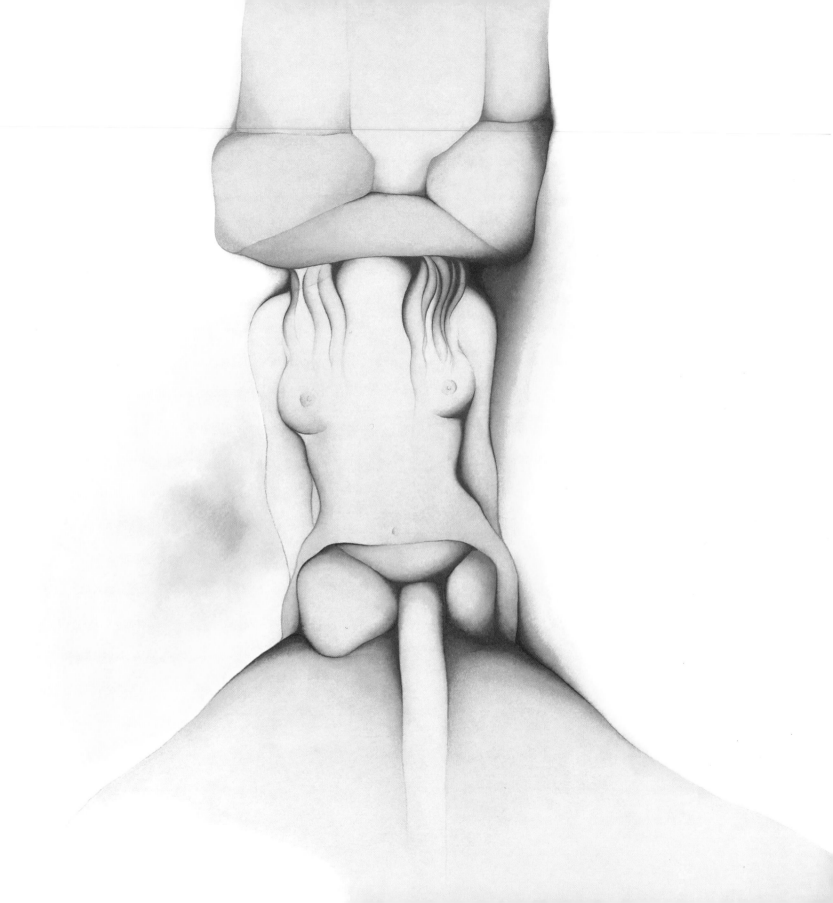

Niña morena y ágil, el sol que hace las frutas,

el que cuaja los trigos, el que tuerce las algas,

hizo tu cuerpo alegre, tus luminosos ojos

y tu boca que tiene la sonrisa del agua.

Un sol negro y ansioso se te arrolla en las hebras

de la negra melena, cuando estiras los brazos.

Tú juegas con el sol como con un estero

y él te deja en los ojos dos oscuros remansos.

Niña morena y ágil, nada hacia ti me acerca.

Todo de ti me aleja, como del medio día.

Eres la delirante juventud de la abeja,

la embriaguez de la ola, la fuerza de la espiga.

Mi corazón sombrío te busca, sin embargo,

y amo tu cuerpo alegre, tu voz suelta y delgada.

Mariposa morena, dulce y definitiva

como el trigal y el sol, la amapola y el agua.

20 Puedo escribir los versos...

Puedo escribir los versos más tristes esta noche.

Escribir, por ejemplo: "La noche está estrellada,
y tiritan, azules, los astros, a lo lejos".

El viento de la noche gira en el cielo y canta.

Puedo escribir los versos más tristes esta noche.
Yo la quise, y a veces ella también me quiso.

En las noches como ésta la tuve entre mis brazos.
La besé tantas veces bajo el cielo infinito.

Ella me quiso, a veces yo también la quería.
Cómo no haber amado sus grandes ojos fijos.

Puedo escribir los versos más tristes esta noche.

Pensar que no la tengo. Sentir que la he perdido.

Oír la noche inmensa, más inmensa sin ella.

Y el verso cae al alma como al pasto el rocío.

Qué importa que mi amor no pudiera guardarla.

La noche está estrellada y ella no está conmigo.

Eso es todo. A lo lejos alguien canta. A lo lejos.

Mi alma no se contenta con haberla perdido.

Como para acercarla mi mirada la busca.

Mi corazón la busca, y ella no está conmigo.

La misma noche que hace blanquear los mismos árboles.

Nosotros, los de entonces, ya no somos los mismos.

Ya no la quiero, es cierto, pero cuánto la quise.
Mi voz buscaba el viento para tocar su oído.

De otro. Será de otro. Como antes de mis besos.
Su voz, su cuerpo claro. Sus ojos infinitos.

Ya no la quiero, es cierto, pero tal vez la quiero.
Es tan corto el amor, y es tan largo el olvido.

Porque en noches como ésta la tuve entre mis brazos,
mi alma no se contenta con haberla perdido.

Aunque éste sea el último dolor que ella me causa,
y éstos sean los últimos versos que yo le escribo.

LA
CANCION DESESPERADA

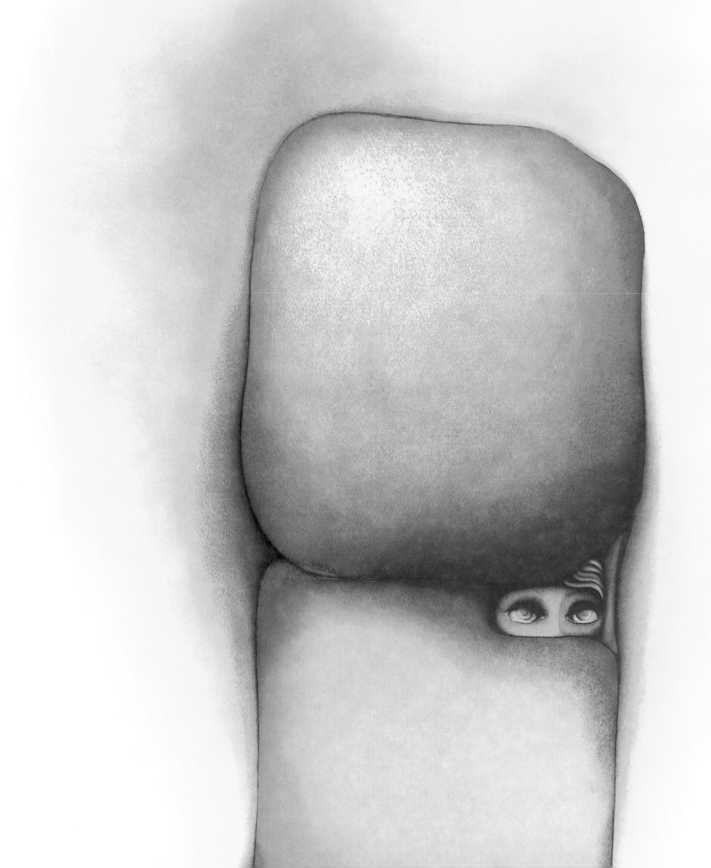

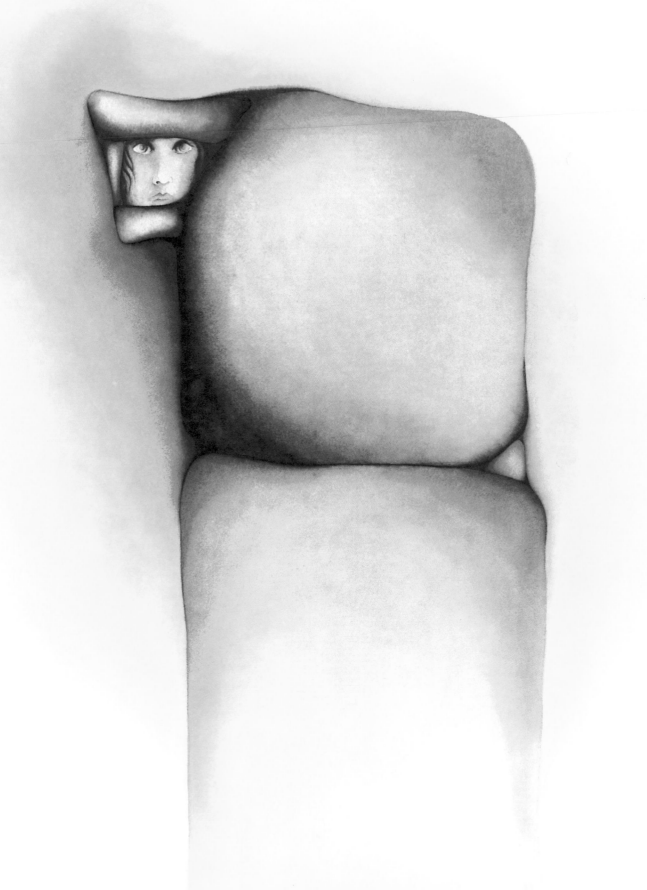

merge tu recuerdo de la noche en que estoy.

El río anuda al mar su lamento obstinado.

Abandonado como los muelles en el alba.

Es la hora de partir, oh abandonado!

Sobre mi corazón llueven frías corolas.

Oh sentina de escombros, feroz cueva de náufragos!

En ti se acumularon las guerras y los vuelos.

De ti alzaron las alas los pájaros del canto.

Todo te lo tragaste, como la lejanía.

Como el mar, como el tiempo. Todo en ti fue naufragio!

Era la alegre hora del asalto y el beso.

La hora del estupor que ardía como un faro.

Ansiedad de piloto, furia de buzo ciego,

turbia embriaguez de amor, todo en ti fue naufragio!

En la infancia de niebla mi alma alada y herida.

Descubridor perdido, todo en ti fue naufragio!

Te ceñiste al dolor, te agarraste al deseo.

Te tumbó la tristeza, todo en ti fue naufragio!

Hice retroceder la muralla de sombra,

anduve más allá del deseo y del acto.

Oh carne, carne mía, mujer que amé y perdí,

a ti en esta hora húmeda, evoco y hago canto.

Como un vaso albergaste la infinita ternura,

y el infinito olvido te trizó como a un vaso.

Era la negra, negra soledad de las islas,

y allí, mujer de amor, me acogieron tus brazos.

Era la sed y el hambre, y tú fuiste la fruta.

Era el duelo y las ruinas, y tú fuiste el milagro.

Ah mujer, no sé cómo pudiste contenerme

en la tierra de tu alma, y en la cruz de tus brazos!

Mi deseo de ti fue el más terrible y corto,

el más revuelto y ebrio, el más tirante y ávido.

Cementerio de besos, aún hay fuego en tus tumbas,

aún los racimos arden picoteados de pájaros.

Oh la boca mordida, oh los besados miembros,

oh los hambrientos dientes, oh los cuerpos trenzados.

Oh la cópula loca de esperanza y esfuerzo

en que nos anudamos y nos desesperamos.

Y la ternura, leve como el agua y la harina.

Y la palabra apenas comenzada en los labios.

Ese fue mi destino y en él viajó mi anhelo,

y en él cayó mi anhelo, todo en ti fue naufragio!

Oh sentina de escombros, en ti todo caía,

qué dolor no exprimiste, qué olas no te ahogaron.

De tumbo en tumbo aún llameaste y cantaste.

De pie como un marino en la proa de un barco.

Aún floreciste en cantos, aún rompiste en corrientes.

Oh sentina de escombros, pozo abierto y amargo.

Pálido buzo ciego, desventurado hondero,
descubridor perdido, todo en ti fue naufragio!

Es la hora de partir, la dura y fría hora
que la noche sujeta a todo horario.

El cinturón ruidoso del mar ciñe la costa.
Surgen frías estrellas, emigran negros pájaros.

Abandonado como los muelles en el alba.
Sólo la sombra trémula se retuerce en mis manos.

Ah más allá de todo. Ah más allá de todo.

Es la hora de partir. Oh abandonado!

ORDEN DEL LIBRO

*En parte paráfrasis del poema 30 de El jardinero
de Rabindranath Tagore.

Este libro ha sido editado por Random House Mondadori S.A. con el patrocinio de la Fundación Pablo Neruda e impreso en Imprenta Salesianos S.A.

Contiene *Veinte poemas de amor y una canción desesperada,* poemas de Pablo Neruda, ilustrados con acuarelas originales de Mario Toral. Las láminas han sido impresas por el procedimiento Offset a cuatro colores sobre papel hilado Champion de ciento ochenta gramos.

El texto está compuesto en tipografías Eusebius y Garamond. Las letras ornamentales Vulcan fueron extraídas del álbum de alfabetos de J.B. Silvestre (mil ochocientos cuarenta y tres). La tipografía es de Mauricio Amster y la diagramación de Mario Toral.

La cubierta fue impresa en papel couché opaco de trescientos gramos y termolaminada.

La presente edición consta de cinco mil ejemplares.
Se terminó de imprimir en julio de dos mil cuatro en Santiago de Chile.

Primera edición: Editorial Lord Cochrane, 1970
Segunda edición: Editorial Grijalbo, abril de 2002
Tercera edición: junio de 2002
Cuarta edición: junio de 2003
Quinta edición: febrero de 2004
© 2002, Fundación Pablo Neruda y Mario Toral
© 2002, Random House Mondadori S.A.
Monjitas 392, of. 1101, Santiago
Teléfono: 782 8200 – fax: 782 8210
E-mail: editorial@randomhouse-mondadori.cl
www.randomhouse-mondadori.cl

ISBN: 956-258-133-0